CONSEIL D'ÉTAT.

RAPPORT

SUR LE PROJET DE LOI

CONCERNANT

LES THÉATRES.

PARIS.

IMPRIMERIE NATIONALE.

MARS 1850.

CONSEIL D'ÉTAT.

RAPPORT

DE M. LE CONSEILLER CHARTON

SUR LE PROJET DE LOI

CONCERNANT

LES THÉATRES.

Monsieur le Président,

La loi du 9 septembre 1835, renouvelant dans son titre IV le décret du 8 juin 1806, avait disposé qu'aucun théâtre ne pourrait être établi et aucune œuvre dramatique représentée sans une autorisation spéciale.

Ces prescriptions ont été abrogées par le décret du 6 mars 1848.

L'étude d'une loi nouvelle, commencée dès le mois d'avril suivant au ministère de l'intérieur, et continuée depuis sans interruption avec le concours de la commission permanente des théâtres, s'est résumée dans le projet soumis à l'examen du Conseil d'état.

Dans le but de donner à cet examen des développements qui fussent en proportion avec la nature et l'importance de son objet, on a fait appel à l'expérience des personnes les plus compétentes par leurs travaux, leur profession, leurs intérêts. Des écrivains qui ont acquis une juste célébrité dans la critique littéraire et dans l'art dramatique, des acteurs et des directeurs de différentes scènes, des agents investis de la confiance des auteurs et des artistes, d'anciens censeurs, sont venus exposer, devant la commission chargée de la préparation de la loi, leurs opinions, fondées sur une connaissance pratique des faits. C'est un devoir de constater ici que cette enquête a donné les moyens d'apprécier plus vivement et plus sûrement, sous ses divers aspects, la question complexe dont il fallait rechercher la solution.

Le théâtre est à la fois un art et une industrie. Comme art, il se rapporte plus particulièrement à l'intérêt public; comme industrie, à l'intérêt privé.

Le premier de ces intérêts prédomine et appelle avant tout l'attention du législateur.

Aucun autre plaisir intellectuel n'a un pouvoir de séduction égal à celui de l'art dramatique; aucun n'a le don d'exercer sur les esprits une impression aussi directe et aussi profonde. Son influence sur le goût, sur la langue, sur le caractère public, n'a jamais été contestée. On a dit, avec vérité, que non-seulement il constate l'état des mœurs, mais encore qu'il contribue à les modifier. C'est tout ensemble la littérature et la philosophie en action; ses fictions ont souvent sur l'imagination l'effet des événements réels : ses personnages célèbres prennent rang, pour ainsi dire, dans l'histoire et deviennent des types que l'on hait ou que l'on aime, des exemples que l'on cite et qu'il faut apprendre à fuir ou à imiter. Un livre, si éloquent qu'il soit, ne parle aux lecteurs que dans le silence et l'isolement. Chacun d'eux ne l'accueille et ne se laisse toucher par lui que suivant la disposition de son âme, le moment et le lieu. Le poëte dramatique appelle, réunit, à une même heure, en une même enceinte, sous l'éclat des lumières, une assemblée nombreuse de spectateurs, lettrés et illettrés, hommes et femmes, et où d'ordinaire la jeunesse, plus accessible à toutes les sensations, à toutes les fasci-

(5)

nations des arts, est en majorité. Cette foule vient, agitée déjà du
désir d'être émue, et tout est disposé pour l'émouvoir. Les ressorts
qui peuvent le plus profondément remuer les cœurs sont associés
et comme concentrés vers le même but : les illusions de la peinture, la magie de la musique, les inventions pénétrantes de la
poésie, l'énergie du geste, le charme et la vibration de la voix. Quels
éléments de puissance et d'action pour un auteur qui veut et sait
faire passer le souffle de sa pensée, de son désir, de ses passions,
de sa volonté, dans l'âme de cette multitude !

Comment ne pas reconnaître que des divertissements qui peuvent
être la source de tant de bien ou de tant de mal ne sauraient être
indifférents au législateur ? Aussi a-t-on unanimement admis, sous
toutes les formes politiques qui se sont succédé en France, sous
tous les régimes administratifs, que les théâtres doivent être un objet
de sollicitude particulière pour l'autorité; qu'il faut leur être bien-
veillant parce qu'ils sont un des éléments de la gloire de notre pays,
dont ils servent à répandre dans le monde l'urbanité, l'esprit et le
langage; qu'il faut espérer en eux et les encourager, mais aussi qu'il
faut dans une certaine mesure les craindre et les surveiller.

L'ancienne monarchie n'avait eu besoin que de peu d'efforts pour
contenir les théâtres dans la dépendance de son autorité absolue.
C'était assez d'un acte de la volonté personnelle du souverain pour
les ouvrir ou les fermer. Louis XIV qui, dans son estime, les plaçait
à côté des sciences « parmi les ornements les plus considérables de
ses états (1), » n'en toléra qu'un petit nombre pendant la longue durée
de son règne. En 1680, cinq théâtres étaient ouverts à Paris : un
ordre royal les réduisit à trois. Quant aux œuvres dramatiques, on
ne voit guère, au xviie siècle, que, dans l'usage, elles fussent ré-
gulièrement soumises à un examen préalable (2): la surveillance était

---

(1) Privilége pour l'établissement de l'académie royale de musique, mars 1672.

(2) Voir cependant un acte du Châtelet, en date de 1609 ou 1619, qui fait défense
aux comédiens de l'hôtel de Bourgogne et de l'hôtel d'Argent de représenter aucunes
comédies ou farces, sans les avoir communiquées au procureur du Roi.

2.

immédiate, continuelle, pour ainsi dire vivante ; d'ailleurs la certitude d'une répression prompte, sévère, sans appel à aucune loi, à aucun juge, suffisait bien pour enseigner la prudence (1). En 1697, les comédiens italiens ayant hasardé, dans un canevas intitulé *la Fausse Prude*, quelques paroles qui parurent une allusion peu respectueuse pour Mme de Maintenon, leur théâtre fut immédiatement fermé, et ils furent chassés du royaume. Au xviiie siècle, la censure s'établit et s'exerce suivant un mode régulier. Des censeurs royaux sont nommés par le chancelier : ils sont nombreux ; aucune rétribution n'est affectée à leurs fonctions, qui cependant sont acceptées et recherchées par des écrivains célèbres, quelquefois même par des philosophes. Ainsi, d'Alembert approuve, comme censeur, *le Mahomet*, de Voltaire, dont Crébillon père, avait, au même titre, proposé d'interdire la représentation.

En 1789, les auteurs dramatiques réclamèrent la liberté de l'art et de l'industrie dramatiques. La loi du 13 janvier 1791 proclama cette liberté : elle soumit, toutefois, les théâtres à la surveillance de l'autorité municipale, et, dans le rapport qui précède la loi, on trouve exprimée « l'espérance qu'un sage règlement dirigera cette « partie de l'instruction publique. » Plus tard cette même pensée fut écrite plus explicitement encore dans plusieurs décrets : le législateur y annonce son intention de consacrer « dans un code de l'ins- « truction publique des règles pour diriger l'influence des théâtres « sur les mœurs (2). » Mais l'agitation politique ne laissa point le loisir de donner suite à ce projet : la liberté, contrairement au vœu des Assemblées, resta illimitée ; il suffisait d'une déclaration pour ouvrir un théâtre, et, comme il n'est pas de profession qui, aux yeux surtout d'une partie de la jeunesse oisive et pauvre, soit plus attrayante et paraisse plus facile à exercer, on vit les théâtres, ou du moins des entre-

---

(1) « Un homme né chrétien et français se trouve contraint dans la satyre : les grands « sujets lui sont défendus, etc. » (La Bruyère.)

(2) Décrets du 31 août 1792, du 14 août 1793, du 1er mai 1795.

prises décorées de ce nom, se multiplier dans une proportion excessive
et funeste à la fois aux intérêts de l'art, à ceux de la morale, de l'industrie et de la paix publique. Les luttes ardentes des partis politiques
envahirent presque toutes les scènes. Plus d'une fois l'autorité municipale intervint pour autoriser ou interdire les représentations; et
le pouvoir législatif, quoique persistant dans son respect pour les
principes de la loi de 1791, fut entraîné à suppléer à l'absence de
l'examen préalable par un déploiement extraordinaire d'intimidation
et par une répression aussi rapide qu'énergique. En 1793, le
Théâtre-Français, qui avait alors le titre de Théâtre de la Nation,
fut fermé après une représentation de *Paméla*, comédie de François
de Neufchâteau, et ses acteurs furent envoyés en prison.

En 1796, par arrêté du 14 février, le Directoire rétablit la censure,
mais la liberté industrielle fut maintenue. Cinquante-deux théâtres
s'étaient élevés à la fois dans Paris. En 1806, on en comptait encore
trente-deux. L'Empereur, à l'exemple de ce que Louis XIV avait fait
en 1680, décida que ce nombre devait être réduit, et statua, par le
décret du 8 juin 1806, qu'aucun théâtre ne pourrait plus s'établir à
Paris sans son autorisation spéciale, dans les autres villes, sans l'autorisation du préfet. Le même décret reproduisit la disposition de l'arrêté
du Directoire, en interdisant la représentation de toute pièce non autorisée par le ministre de la police. Cette abrogation complète de la loi
de 1791 est motivée en ces termes dans le rapport du Conseil d'État
qui précède le projet : « Toutes ces folles entreprises, qui se succèdent
« si rapidement, ruinent les grands théâtres, découragent les auteurs,
« occasionnent une foule de banqueroutes, excitent les plaintes et les
« regrets d'un grand nombre de familles, qui voient leurs enfants en-
« trer, par séduction, dans une carrière qui leur ferme toutes les
« autres, sans leur donner une existence assurée, et qui corrompt le
« goût en attirant, par des nouveautés plates ou obscènes, la jeunesse,
« qui se trouve ainsi éloignée des vraies écoles du goût et des talents. »
Un an après, le 29 juillet 1807, parut un autre décret qui fixa le
maximum du nombre des théâtres de Paris à huit.

Ces deux décrets ont été la base de la législation sur les théâtres jusqu'à l'année 1835. Toutefois, et sans qu'aucun acte législatif fût intervenu pour en modifier les prescriptions, l'administration, cédant à l'esprit général des institutions et à l'opinion publique, se départit progressivement de la rigueur de leur application. Aux huit théâtres que le décret de 1807 avait conservés, de simples autorisations ministérielles en ajoutèrent successivement d'autres sous la Restauration, et principalement sous le gouvernement de Juillet, en sorte que le chiffre s'est élevé jusqu'à devenir presque égal à celui que l'on avait considéré comme une conséquence abusive et intolérable du système de la liberté illimitée : aujourd'hui l'on ne compte pas moins de vingt-deux théâtres à Paris. D'un autre côté, la censure, confiée, sous l'Empire et sous la Restauration, à des écrivains d'une certaine notabilité, suspendue après la révolution de 1830, ne fut rétablie que par la loi du 9 septembre 1835; elle a cessé d'être exercée depuis la révolution de Février.

Ces divers régimes de la législation théâtrale, étudiés dans leurs principaux caractères et en ce qui concerne d'abord spécialement l'établissement des entreprises théâtrales et leur exploitation matérielle, peuvent être considérés comme représentant trois systèmes : — liberté illimitée sous les assemblées républicaines; — limitation absolue du nombre des théâtres sous l'Empire; — autorisation ministérielle sous la Restauration et le gouvernement de Juillet, ou système du privilége.

Le projet de loi envoyé par le Gouvernement au Conseil d'État ne propose de rétablir aucun de ces trois systèmes.

La liberté sans limites est condamnée par l'expérience non moins que par la raison. Des établissements que l'on a souvent comparés à des écoles et à des tribunes ne sauraient être entièrement assimilés à des opérations ordinaires de fabrication et de négoce. L'industrie théâtrale est évidemment du nombre de celles que leur caractère particulier oblige de soumettre à certaines conditions de prévoyance et d'ordre. Une concurrence, dont aucune disposition législative ne tendrait à prévenir et modérer les excès, détruirait l'art lui-même en troublant par une fluctuation perpétuelle les éléments de suite et d'ensemble qui seuls donnent aux représentations dramatiques une valeur réelle, et permettent d'atteindre à un certain degré de perfection.

La limitation absolue des théâtres ne paraît point compatible avec l'esprit de nos institutions : elle aurait pour effet d'établir une sorte de monopole légal analogue à celui qui a existé pour la presse, de créer, pour ainsi dire, de petits fiefs théâtraux. La volonté et le pouvoir de l'Empereur n'ont point suffi à maintenir ce régime. Avant qu'il fût tombé du trône, la limite qu'il avait fixée était déjà dépassée. La mobilité de la population, les modifications du goût, les vicissitudes de la fortune publique permettraient d'ailleurs difficilement d'assurer à cette limitation une base immuable; l'on a peine aussi à imaginer que pour l'établissement nouveau de la plus modeste scène on dût être obligé de parcourir toutes les préparations d'une œuvre législative, et de provoquer les délibérations solennelles d'une Assemblée nationale. Suivant toute probabilité, après s'être placé de nouveau sous ce régime, on se retrouverait bientôt en présence du système mixte des priviléges que la pratique administrative a été conduite à substituer à celui des décrets et qui a été confirmé par la loi de 1835.

Ce dernier système qui règle encore aujourd'hui les rapports de l'administration avec les théâtres n'a trouvé de défenseur ni dans la commission permanente au ministère de l'intérieur, ni dans l'enquête ouverte au Conseil d'État. Voici comment il est apprécié dans le rapport annexé au projet du Gouvernement : « Entre la « fixation rigoureuse du nombre des théâtres et la liberté, il « n'existe qu'un régime mixte réunissant tous les inconvénients des « deux autres sans en avoir les avantages. Ce régime a produit ce que « nous voyons..... Les gouvernements qui se sont succédé depuis « trente et quelques années se sont laissé enlever les priviléges plutôt « qu'ils ne les ont donnés de leur plein gré. C'est, du reste, une des

3.

« nécessités fatales inhérentes aux concessions de ce genre que d'être
« sollicitées et octroyées en dehors de toute considération de capa-
« cité, de mérite et même de solvabilité. Malgré les précautions dont
« elle s'environne toujours, l'administration court le risque de céder
« aux influences que savent mettre en jeu les prétendants aux nou-
« veaux priviléges; elle est forcée de choisir parmi eux sans être vrai-
« ment libre, et elle n'en subit pas moins une sérieuse responsabilité.
« Lorsqu'il s'agit de la transmission d'un privilége déjà existant par
« suite de la retraite volontaire ou forcée du titulaire, le danger est
« encore plus grave. Dans ce cas, le privilége, inaliénable de sa na-
« ture, au lieu de faire retour à l'État est presque toujours vendu,
« soit par le titulaire lui-même, soit par ses créanciers ou ayants cause,
« et le prix en est confondu avec celui du matériel servant à l'ex-
« ploitation de l'entreprise. Le privilége, se transformant en une va-
« leur vénale et transmissible, devient en même temps une prime
« offerte à la spéculation. On le sollicite non plus dans l'intérêt de
« l'art, mais dans un intérêt purement commercial. Beaucoup de
« théâtres ne se seraient pas établis sans l'appât du bénéfice que l'on
« peut en tirer sur la place, et c'est ainsi que le privilége a tourné
« contre son but en multipliant ce qu'il avait mission de restreindre
« et de limiter. »

Les trois régimes auxquels les théâtres ont été soumis jusqu'à ce
jour soulevant ainsi des objections également graves, le Gouvernement a pensé que l'on pouvait, avec avantage, leur préférer une liberté qui serait limitée par quelques conditions essentielles.

Le Conseil d'État admet ce système d'une liberté limitée; il le
trouve plus conforme à la législation générale, en ce qui concerne
l'industrie; il pense que, tout en donnant une satisfaction plus complète aux règles du droit commun, il aura aussi pour conséquence
de dégager l'administration d'une intervention trop directe, presque
toujours impuissante, et de nature, par conséquent, à compro-
mettre, sans utilité sérieuse, sa responsabilité.

Mais ce principe est seulement applicable à l'établissement des théâtres et à leur exploitation matérielle ; il reste à chercher une seconde solution, celle qui concerne l'exercice même de l'art, en d'autres termes, la représentation des œuvres dramatiques.

Sous ce rapport, l'histoire de la législation n'offre que deux systèmes : — l'un, préventif, c'est-à-dire l'examen préalable des pièces ou la censure ; — l'autre, répressif, c'est-à-dire l'interdiction après la représentation et l'application de peines à des délits prévus et définis par la loi.

Le système répressif est celui vers lequel se porte naturellement la pensée ; il se présente comme une application logique du principe de notre droit public, qui exclut tout pouvoir préventif et par conséquent arbitraire, qui attend que le délit soit commis pour le punir, et qui ne cherche à le prévenir que par la perspective de la peine qui doit le suivre. S'il pouvait assurer des garanties suffisantes à l'intérêt moral contre la licence et les égarements du théâtre, ce système devrait certainement être préféré.

On ne peut le combattre par l'exemple des faits qui se sont produits dans la période écoulée entre la loi de 1791 et l'arrêté directorial de 1796. A cette époque si profondément troublée, les actes répressifs ne sont point une exécution régulière de dispositions pénales. La répression est arbitraire. L'autorité tolère longtemps, souvent il semble qu'elle sommeille, mais dès qu'elle se sent atteinte, elle se lève, et d'un coup frappe et ruine : la nécessité tient lieu de loi.

De 1830 à 1835, on remarque la même absence de règle. L'article de la Charte qui disposait que la censure ne pourrait être établie est diversement interprété par l'autorité et par une partie de l'opinion. L'administration pense qu'en abolissant la censure on n'a voulu statuer que sur celle qui s'appliquait à la presse : cependant, sans se considérer comme désarmée de ce droit, elle ne l'exerce pas. Les œuvres dramatiques ne sont plus soumises à un examen préalable : le ministre de l'intérieur cherche, dans le pouvoir discrétionnaire qu'il tient du système du privilége, les moyens de détourner du

4

théâtre la représentation d'ouvrages dont il redoute l'influence. En même temps, une commission est formée près du ministre, pour préparer un projet de loi purement répressive ; mais ce projet, bien qu'il soit élaboré avec prudence, avec modération, avec une connaissance approfondie du sujet, ne satisfait ni l'administration qui, dans l'organisation du droit de réprimer les délits, ne retrouve pas l'efficacité du droit de les prévenir, ni les auteurs, les comédiens et les directeurs, qui protestent dans un écrit signé de noms d'une autorité réelle dans la question (1).

Théoriquement, la substitution d'un système répressif au système préventif soulève trois ordres de difficultés.

Le système répressif opère tardivement. Telle œuvre dramatique, ne fût-elle représentée qu'une seule fois, pourra, par une attaque directe et violente à l'honneur des citoyens, à l'autorité publique, à une nation alliée, par l'apologie éhontée du crime, par la peinture cynique du vice, produire un mal qu'aucune répression ne saurait réparer. Ce tableau mouvant du théâtre, ces scènes d'un relief si vigoureux et si vivement éclairé, cette vie qui agit directement sur la vie, gravent du premier coup, dans les âmes, des impressions qui ne s'effaceront plus, et qui peuvent, en certaines circonstances, passionner les spectateurs jusqu'à les précipiter sur-le-champ à l'action.

Pour avoir la confiance que des offenses si périlleuses pour la société ne seraient point à redouter avec la liberté industrielle et sans un examen préalable, il faudrait supposer une répression d'une sévérité telle que personne n'eût la hardiesse de la braver. Mais une si grande rigueur d'intimidation ne deviendrait-elle point un obstacle plus attentatoire encore à la liberté de l'art, une atteinte plus funeste à sa dignité que le système préventif? Si l'on cherche

(1) Observations adressées aux deux Chambres sur le projet de loi relatif aux théâtres, en janvier 1831, par MM. Népomucène Lemercier, Crosnier, Harel, Casimir Bonjour, Alexandre Dumas, d'Épagny, etc.

à se former une idée de l'infinie variété et du caractère délicat et subtil des infractions qui peuvent se commettre, sur le théâtre, par le fait, soit de l'auteur, soit de l'acteur, soit de la mise en scène, on entrevoit la nécessité de peines si nombreuses qu'elles constitueraient à elles seules presque un code entier; et, d'autre part, si l'on apprécie, comme on le doit, ce qu'il y a d'impressionnable dans l'esprit des poëtes et des artistes, combien la liberté de leur pensée est indispensable à leurs études, à leurs travaux, il est difficile de ne point craindre qu'une analyse et une énumération complète des délits dont ils pourraient se rendre coupables n'eussent pour effet de les décourager, de les troubler, de les tenir dans un perpétuel souci de l'interprétation de leurs œuvres ou de leur jeu. L'art a besoin de sécurité et de confiance; il s'accommoderait mal de la perspective de tribunaux, d'amendes et de prison. Un débat avec la censure n'a du moins aucun caractère pénal et ne laisse à redouter, le plus ordinairement, que quelques frais nouveaux d'invention pour satisfaire aux inquiétudes administratives. Les signataires de la brochure citée plus haut exprimaient leur effroi de la multiplicité des peines que l'on menaçait de suspendre sur leur tête, et déclaraient « qu'avec ce système de pénalité, la censure pourrait être un jour regrettée. » Les directeurs ajoutaient, et c'est ce qu'ils ont répété dans l'enquête, que leur industrie a beaucoup moins à souffrir d'un examen préalable que d'une interdiction qui, survenant après les dépenses faites pour la mise en scène des pièces, expose l'entreprise à des pertes considérables, quelquefois à une ruine immédiate.

Enfin, il faudrait déterminer quelle serait la juridiction compétente pour connaître des délits de la scène. Un tribunal correctionnel, une cour d'assises, sont-ils dans les conditions nécessaires pour juger de paroles, de gestes, d'intentions, qui n'ont souvent leur signification réelle que sur la scène et dans leurs rapports avec les habitudes et la finesse de perception du public qui en est le témoin? Les efforts du ministère public, pour caractériser des délits quelquefois aussi difficiles à décrire que les traits d'un tableau absent, suffiraient-ils à la tâche de préciser les éléments sur lesquels des jurés et des juges auraient à se former une conviction ferme et éclairée? Faudrait-il donc introduire la représentation dans le prétoire, ou transporter le prétoire au théâtre? En présence de ces impossibilités, où cherchera-t-on des moyens d'exécution sérieux? Serait-ce dans l'institution d'un jury spécial ? Mais comment composer ce jury? Serait-il indépendant de l'autorité administrative? Le formerait-on de représentants élus par les parties intéressées elles-mêmes, et ne serait-ce point alors une tendance à reconstituer une véritable corporation? Dès que l'on s'engage dans cette voie, on rencontre des nécessités d'innovation qui supposent préalablement d'autres changements plus considérables dans la loi et dans les institutions : on se hasarde sur un terrain inconnu, en dehors de la réalité actuelle.

Le Gouvernement s'est arrêté devant les objections que suscite l'organisation d'un système répressif : il propose le rétablissement du système préventif.

Le Conseil a été conduit, par les mêmes motifs, à partager encore, sur cette seconde question, la pensée du Gouvernement.

Ainsi, le projet du Gouvernement et celui du Conseil s'accordent en ce que l'un et l'autre proposent d'admettre en principe :

La liberté industrielle des théâtres;

L'examen préalable des ouvrages dramatiques.

Mais ils diffèrent notablement par les conséquences d'application à déduire de ces deux solutions principales.

Le projet du Gouvernement se borne à énoncer les deux principes, et renvoie à un règlement d'administration publique le soin de pourvoir à leur exécution.

Le Conseil n'a point pensé que la loi dût être réduite à ces seules énonciations : il s'est rappelé que l'article 23 de la loi de 1835 avait aussi prescrit que le mode d'exécution de la censure serait déterminé par un règlement d'administration publique, en ajoutant même que ce règlement devrait être converti en loi dans l'année 1837. L'intention de cet ajournement, ainsi que le prouvent les discussions de la Chambre des Députés (1), avait été de laisser à l'administration le temps qui, sous l'empire de circonstances graves, manquait au pouvoir législatif, pour chercher les moyens de relever l'exercice de la censure, en la dégageant de ce qu'elle avait eu précédemment d'inefficace et d'arbitraire. L'étude prescrite au ministère par la loi fut entreprise sans hâte, et retardée par des préoccupations diverses. En 1843, un projet, qui ne résolvait point la difficulté, fut présenté et adopté par la Chambre des Pairs, mais n'arriva point jusqu'à la discussion de la Chambre des Députés : le provisoire devint ainsi définitif. Treize ans s'écoulèrent, et la révolution de Février trouva dans les bureaux la censure, anonyme, obscure, plus impuissante et plus discréditée encore qu'elle ne l'avait été sous la Restauration.

Ce fait est un enseignement. Il démontre la nécessité d'écrire, dans la loi même, à côté des principes, d'une part, les conditions de l'exercice de la liberté industrielle des théâtres ; d'autre part, les garanties dont il est indispensable d'entourer désormais le régime de la censure, dans l'intérêt commun de la morale publique et de la dignité de l'art. Ces conditions et ces garanties, limites respectives du droit de l'État et du droit individuel, ont une signification et une portée qui ne sont point inférieures à celles de la déclaration des principes eux-mêmes. De telles solutions, si elles n'étaient que réglementaires au lieu d'être législatives, manqueraient essentiellement de l'autorité qui leur est nécessaire.

A ce point de vue, le projet du Gouvernement ne pouvait être considéré que comme une base sur laquelle il restait à construire la loi.

Le Conseil a donc entrepris la rédaction d'un projet qui fût assez complet pour ne laisser aucun doute sur l'interprétation des principes. Il s'est engagé dans cette préparation avec la conscience de toutes les difficultés qu'il devait y rencontrer, avec la volonté de ne chercher à en éviter aucune.

---

(1) 18, 22 et 29 août 1835. Discours de MM. Sauzet, Odilon Barrot, Étienne, de Lamartine, Liadières, etc.

TITRE PREMIER.

(*Art. 1er.*) — Il a paru utile de marquer, dès le début de la loi, l'importance qui doit s'attacher à l'action que l'autorité conservera sur les théâtres. Le Conseil propose de créer, près du ministre de l'intérieur, pour éclairer cette action, la seconder et la fortifier, une commission spéciale qui, bien que consultative seulement comme celle qui existe actuellement, puisera une plus haute autorité dans le principe même de son institution fondée par la loi, dans la nature de ses attributions, dans les éléments de sa composition.

Nécessairement consultée sur tous les projets relatifs à la législation et à la réglementation des théâtres et sur l'administration des théâtres subventionnés, appelée à donner ses conseils sur toutes les autres questions que le ministre jugera utile de lui soumettre, elle aura pour fonction la plus grave et la plus délicate d'apprécier les réclamations que pourront élever les auteurs lorsque, sur le rapport des agents ordinaires de la censure, il aura été formé opposition à la représentation de leurs pièces. Cette appréciation, dont la pratique sera expliquée à l'occasion du titre IV, ne devra jamais descendre à des détails vulgaires, à des critiques minutieuses : elle aura pour règle unique le sentiment libre et élevé de ce qui importe pour protéger la vie morale du pays et les grands intérêts que l'art ne peut violer sans danger imminent pour la société, ni sans honte pour lui-même. On espère qu'une telle surveillance, maintenue à la hauteur d'une sérieuse mission, offrira de véritables garanties aux auteurs et au ministre lui-même, qui conservera toutefois, pour que sa responsabilité ne soit pas illusoire, le droit d'autoriser ou d'interdire la représentation des pièces. Seulement, au rang où la commission doit être placée, et afin que son intervention ne souffre en rien dans sa dignité et dans ce qu'elle comporte d'indépendance, il convient qu'elle soit autorisée à avertir le ministre, si, au milieu des graves préoccupations qui l'assiégent, il était entraîné malgré lui à céder aux influences, aux obsessions, et à laisser dériver l'art de la voie où la pensée de la loi est qu'il soit contenu.

(*Art. 2.*) — Le but que le Conseil se propose par cette création ne serait pas atteint si un devoir de cette nature, qui ne peut dominer les préventions et la méfiance que par le courage et la justice de ceux qui auront à le remplir, n'était point confié à des hommes déjà revêtus pour la plupart, vis-à-vis de l'opinion publique, de titres incontestables à la considération et à l'estime.

Quinze membres composeront la commission des théâtres : sur ce nombre, cinq seront nommés par le Président de la République. Il est essentiel que le Pouvoir exécutif soit représenté par des membres investis de sa confiance et servant au besoin d'organes à sa pensée ; mais leur proportion doit être telle que leur opinion ne puisse être considérée comme prédominante dans les délibérations. Parmi les dix autres membres, huit seront élus par les corps dont ils feront partie. Tous représenteront la même pensée aux différents points de vue de leurs fonctions spéciales : deux conseillers d'État représenteront plus particulièrement l'influence des hautes traditions administratives ; le premier président de la cour d'appel de Paris, le procureur général près la même cour porteront au sein de la commission ce sentiment du juste et du vrai moral qui a toujours animé la magistrature française et lui a donné un droit incontesté au respect de tous ; trois membres de l'institut seront les représentants de l'art, du goût littéraire et des sciences elles-mêmes dans leurs rapports avec le théâtre ; enfin trois membres du conseil municipal de Paris seront appelés à veiller plus spécialement sur les intérêts de la cité d'où le génie dramatique rayonne, depuis deux siècles, sur la France et l'Europe.

Tous ces membres seront soumis, de trois en trois ans, à une réélection ou à une nomination nouvelle. Cette disposition paraît nécessaire pour obvier aux inconvénients qui pourraient naître d'un esprit systématique, d'un ralentissement de zèle, enfin d'une opposition au Pouvoir exécutif, difficile toutefois à supposer si l'on considère les éléments de la commission et le caractère de son objet

5.

essentiel, qui sera la défense d'un intérêt supérieur à tous les dissentiments des partis, parce qu'il est fondé sur des principes absolus et immuables dans toutes les consciences honnêtes, sur la haine et le mépris du vice.

TITRE DEUXIÈME.

(*Art. 3.*) — Le titre II est relatif aux théâtres qui seront entretenus ou subventionnés à Paris par l'État.

Au moment où la liberté industrielle va rompre le lien par lequel tous les théâtres se rattachaient à l'action administrative, il est plus important que jamais d'assurer, sous la protection immédiate de l'État, l'existence d'un petit nombre d'établissements qui, dirigés suivant l'idée la plus élevée que l'on doive se former de l'art dramatique, n'auront point pour but principal le gain matériel, se maintiendront, en dehors des luttes de la concurrence, à un niveau supérieur, et pourront servir de moyens de comparaison et d'émulation à l'égard des entreprises particulières dans toute la France. C'est ainsi que l'État offre des modèles, des types, dans les autres arts, par ses académies, ses écoles, ses musées; dans l'industrie, par ses grandes manufactures, ses expositions publiques, son enseignement gratuit; dans les sciences, les lettres, l'instruction, par l'Institut, le muséum, les facultés, les colléges et les écoles. Il est difficile de prévoir par quelles épreuves est destinée à passer la liberté industrielle avant de produire les conséquences favorables que l'on est en droit d'espérer de ses efforts. S'il arrivait qu'elle ne répondît point tout d'abord à l'attente du pays, on aurait à se féliciter d'avoir du moins mis en dehors des chances diverses de cette expérimentation nouvelle quelques-uns des divertissements qui peuvent agir le plus utilement sur le développement de l'esprit public.

Le choix des théâtres en faveur desquels il convient le mieux de faire cette réserve était naturellement indiqué par ce qui existe aujourd'hui. Les deux théâtres consacrés à la tragédie et à la comédie, les deux théâtres consacrés aux deux genres lyriques occupent les

sommités de l'art : ils en dominent, pour ainsi dire, toutes les direc-
tions. S'approcher d'eux pour étudier et imiter les grands exemples
de leur passé, c'est s'élever; s'en éloigner, c'est s'exposer au péril de
s'égarer ou de s'abaisser. La protection de l'État ne peut interve-
nir nulle autre part plus dignement et plus efficacement qu'en ces
points supérieurs qui doivent demeurer toujours fixes et éclairés au
milieu des erreurs et des défaillances du goût des auteurs ou du
public lui-même.

Le Conseil propose, toutefois, de faire entrer un cinquième théâtre
en partage des subventions et de la sollicitude de l'État. C'est avec
intention que le projet ne désigne le caractère de ce nouveau théâtre
et sa destination spéciale qu'en termes généraux. Il appartiendra à
l'administration et aux règlements particuliers de donner des traits
plus précis à une idée qui se trouve déjà écrite dans les documents
rassemblés lors de la préparation du décret de 1806. M. de Ségur,
rapporteur au Conseil d'État, disait alors au sujet du théâtre de la
Porte-Saint-Martin : « C'est l'Opéra du peuple. . . . . Il faut bien favoriser un amusement à la portée de la population qui ne peut pas
payer ce qu'exigent l'Opéra et le Théâtre-Français. » Est-il juste, en
effet, que les subventions votées chaque année, et puisées dans l'impôt qui pèse sur tous les citoyens, soient attribuées uniquement aux
théâtres accessibles à la partie de la population qui est le plus en état
de payer ses plaisirs? Sous un autre rapport et qui touche au but le
plus intime de la loi, ne doit-on pas reconnaître qu'il existe une littérature dramatique distincte de toute autre à ces signes, qu'elle peint
des mœurs plus familières au grand nombre de ses spectateurs habituels, ou qu'elle cherche à saisir les imaginations à l'aide de ressorts
plus rudes et plus énergiques? Or, n'est-il point important que, dans
cette direction surtout, l'État ait aussi son modèle, et qu'il use des
moyens divers qui sont à sa disposition pour démontrer que les
genres secondaires de l'art dramatique, bien et sagement dirigés,
peuvent produire avec succès autre chose que des trivialités scanda-
leuses ou des émotions sanguinaires, et provoquer aussi, dans la mul-

titude, des sentiments purs et généreux, l'émulation vers le bien, le respect de soi-même et l'amour du pays? Sur ce théâtre, l'administration ne se bornera point à encourager le perfectionnement, la moralisation des genres secondaires, elle devra y faire entendre souvent les œuvres les plus belles des autres théâtres subventionnés, jouées par leurs meilleurs artistes. On sait assez que les spectateurs même les moins lettrés sont loin d'être insensibles aux nobles pensées et au sublime langage de nos grands poëtes tragiques et comiques; mais, pour qu'ils puissent se pénétrer à loisir et dignement de ces influences bienfaisantes du génie, il ne suffit pas qu'on les admette, à de rares époques ou partiellement et comme par une sorte de faveur, à quelques places inférieures des théâtres auxquels ils sont habituellement étrangers; il faut qu'en écoutant Corneille, Racine, Molière, ils se sentent en quelque sorte chez eux, et libres juges du mérite de l'œuvre des poëtes et du jeu des acteurs.

(*Art. 4.*) — Le projet a cru devoir rappeler dans le même titre que les théâtres des départements ont droit aussi à des encouragements publics. En général, les théâtres fondés ou adoptés par les communes offrent plus de garanties de durée et, à certains égards, de moralité que les entreprises particulières; ils méritent à ce titre la sollicitude de l'administration. Il semble également utile d'écrire dans la loi que les auteurs, les acteurs et les directeurs, qui se seront fait remarquer par leurs efforts pour soutenir et élever les progrès de l'art, pourront espérer de l'État des récompenses qu'ils ne seraient pas toujours assurés d'obtenir de l'industrie privée. Les œuvres dramatiques du genre sérieux ne procurent souvent, à leurs auteurs et aux théâtres qui les représentent, qu'une rémunération insuffisante : lorsqu'elles font pressentir ou révèlent un talent supérieur, l'État leur doit une part des encouragements qu'il donne aux perfectionnements ou aux découvertes scientifiques. L'art n'importe pas moins que la science aux progrès et à l'honneur de la civilisation.

TITRE TROISIÈME.

(*Art. 5.*) — Le titre III établit le principe de la liberté industrielle des théâtres, et les conditions suivant lesquelles ce droit nouveau pourra être exercé.

Ces conditions se réduisent à trois principales : une déclaration à l'autorité municipale; un cautionnement; la possession d'une salle offrant des garanties suffisantes de solidité, de sûreté et de salubrité, et pouvant contenir un nombre de spectateurs au moins égal à un minimum fixé par la loi.

(*Art. 6.*) — La déclaration devra être faite par le propriétaire, ou par le directeur ou gérant de l'entreprise, Français, majeur, et jouissant de ses droits civils. Il importe que, dans ses rapports avec l'administration, le théâtre soit représenté par une personne directement intéressée à une exploitation sérieusement conçue et que des imprudences ou des désordres n'exposent pas légèrement à la ruine ou à la nécessité de graves répressions.

(*Art. 7.*) — Le cautionnement, fixé à la valeur de dix fois la recette de la salle, toutes les places remplies, est d'une faible importance relativement aux capitaux considérables que supposent l'établissement et l'exploitation d'un théâtre, mais il se peut que ni la salle, ni le matériel du théâtre, ne soient la propriété de l'entrepreneur. Le cautionnement sera le gage du payement des amendes prononcées à la suite d'infractions qui, autrement, pourraient être impunément commises ; de plus, ce sera une sorte de garantie pour les intérêts nombreux qui se rattachent aux entreprises de théâtre.

(*Art. 6 et 8.*) — Quant aux salles et aux bâtiments qui en dépendent, la loi les assimile aux établissements ou ateliers qui peuvent rester sans inconvénient auprès des habitations particulières, mais pour lesquelles, néanmoins, la législation actuelle exige une permission de l'administration.

(22)

(*Art. 9.*) — Enfin ces salles devront contenir un certain nombre de spectateurs, dont le minimum est fixé pour Paris à mille, pour les villes de cinquante mille âmes et au-dessus à huit cents, pour les autres villes à six cents. Le motif de cette disposition est surtout d'ordre moral. Un des abus les plus funestes à l'art et à l'ordre que l'on ait imputés au système de la loi de 1791 est, d'après l'unanimité des témoignages, la facilité avec laquelle on pouvait donner, dans de petites salles, sur de petits tréteaux, de prétendues représentations dramatiques, qui offraient à peine l'apparence de la publicité. Or une publicité véritable est une garantie. Ce que l'on peut appeler le jugement du sens public ou du sens commun doit être l'expression d'une réunion nombreuse. On ne blesse pas la raison, la justice, la pudeur d'une grande assemblée, sans s'exposer à l'explosion du blâme et de l'indignation : l'expérience a prouvé qu'un petit nombre de spectateurs habituels s'accoutument plus aisément, dans certaines salles, à ne point rougir de plaisirs faux et corrupteurs.

(*Art. 8 et 10.*)—En ce qui concerne les obligations matérielles et d'une importance secondaire, la loi renvoie aux prescriptions des règlements d'administration publique. Les termes dans lesquels est fait ce renvoi indiquent les principales mesures qui devront être prises dans l'intérêt de la sécurité, du bien-être des spectateurs et de la fidélité des engagements envers eux.

Il a été remarqué, depuis longtemps, que les théâtres de Paris, considérés sous le rapport de leur distribution intérieure et des égards dus au public, sont, en général, loin de soutenir avantageusement la comparaison avec les grands théâtres du reste de l'Europe. On ne pourrait plus guère citer d'autres théâtres que les nôtres, où les places de tout prix, sans exception, ne soient pas numérotées, et où les spectateurs ne soient pas admis à s'en assurer la location à l'avance pendant le jour, de manière à ne pas être condamnés à la nécessité incommode et inconvenante de s'attrouper le soir devant les portes, et d'attendre, rangés en files serrées, exposés au froid ou à la pluie, la lente et incertaine distribution des billets. On peut en dire autant, par exemple, de l'imperfection des moyens d'aérage, des voies de circulation et des distances entre les diverses places, qui sont généralement trop étroites, de l'impossibilité où sont beaucoup de spectateurs de voir la scène sans se pencher péniblement, ou se tenir debout. Le détail de toutes les dispositions qu'il convient de prendre dans le sens de ces remarques ne pouvait entrer dans la loi ; mais elles touchent assez essentiellement aux intérêts du public et aux devoirs de l'industrie théâtrale, pour qu'il paraisse utile de les indiquer ici.

(*Art. 12.*) — Quoique les conditions générales écrites dans la loi ne soient point de nature à restreindre, au delà d'une juste limite, l'établissement des théâtres, il y a cependant lieu de prévoir que l'industrie théâtrale ne saura ou ne pourra point toujours mettre partout à profit la liberté dont elle est appelée à jouir. Telle ville où l'on n'aurait point construit une salle contenant au moins six cents spectateurs, ou qui, en possédant cette salle, n'aura vu aucune entreprise libre se former dans ses murs, devra-t-elle être entièrement privée des divertissements du théâtre ? N'est-il point, en quelque sorte, d'intérêt public que des représentations soient données, au moins temporairement, dans certaines communes, dont une partie de la population, en l'absence de ce genre de distractions intellectuelles, pourrait être entraînée à des plaisirs plus dangereux ? Enfin n'existe-t-il pas encore des localités relativement pauvres et éloignées des centres de civilisation où le théâtre, en pénétrant quelquefois, a pour effet utile de favoriser les progrès de l'unité de la langue et du goût ? Ces motifs ont déterminé le Conseil à conserver au ministre de l'intérieur la faculté, qu'il tient de la législation actuelle, d'autoriser des directeurs de troupes à parcourir, suivant un itinéraire tracé à l'avance, les communes où aucune entreprise ne se sera établie, conformément aux dispositions qui régleront l'exercice de la liberté industrielle.

(*Art. 14.*) — Les étrangers pourront être également autorisés à ouvrir ou diriger des théâtres publics. Le plus ordinairement, ces autorisations seront accordées sans difficulté ; mais on comprend qu'elles puissent et doivent être refusées pour différents motifs, les uns relatifs à la personne, les autres à l'intérêt de la paix publique. Une entreprise de théâtre se lie trop étroitement à des intérêts d'ordre général, pour que le droit de la former librement ne soit pas exclusivement réservé aux nationaux.

(*Art. 13.*) — La disposition qui a pour objet d'interdire les théâtres d'acteurs enfants, de même que celle qui n'admet les enfants à paraître sur la scène avec des acteurs adultes qu'à la condition d'une autorisation spéciale, n'a pas besoin d'être expliquée. C'est un devoir public de prévenir l'exploitation et la perversion de l'enfance. La profession du comédien est une de celles où il est le plus prudent que l'on ne puisse s'engager qu'après être parvenu à l'âge du discernement.

(*Art. 15.*) — Les cirques, exhibitions, tours d'adresse et autres jeux publics, compris par le décret du 8 juin 1806 sous le nom de *spectacles de curiosité*, ne pourront être établis qu'avec la permission de l'autorité municipale. Ces entreprises, le plus souvent nomades et n'offrant au public que des plaisirs grossiers, quelquefois dangereux, ne sauraient être soustraites à la condition du genre d'autorisation qu'elles comportent. Il en est de même des concerts, qui se rapprochent en certains points des entreprises théâtrales, mais qui, ne pouvant être soumis aux mêmes conditions, ne sauraient être admis au bénéfice de la même liberté.

(*Art. 11.*) — Il est enfin une dernière question, qui se rapporte essentiellement au titre III, et au sujet de laquelle le projet du Gouvernement ne contient aucune disposition. Doit-on considérer comme une conséquence nécessaire de la liberté industrielle la liberté de jouer tous les genres sur tous les théâtres ? Le projet répond à cette question affirmativement. Condamner une entreprise théâtrale, établie au prix de sacrifices considérables, à se renfermer dans un seul genre, lui défendre de profiter de l'engagement d'acteurs nouveaux, de pièces complexes, originales, qui lui permettraient des excursions dans des genres différents et la sauveraient peut-être d'une faillite par des succès éclatants, ce serait, en quelque sorte, tracer autour de la liberté un cercle étroit qui en rendrait l'exercice presque illusoire. D'ailleurs, la distinction des genres repose-t-elle aujourd'hui sur des règles d'une autorité suffisante? Depuis le XVIIe siècle, les définitions qui classaient les œuvres dramatiques ne sont-elles point tombées, pour ainsi dire, en désuétude? Il est véritablement impossible de ne pas reconnaître que les limites qui, à la fin du XVIIIe siècle, séparaient encore la tragédie du drame, la comédie du vaudeville, le grand opéra de l'opéra-comique, se sont successivement abaissées, et qu'il n'est de la compétence ni de la loi ni des règlements de les relever.

Une seule exception à cette liberté paraît devoir être admise en faveur des deux théâtres subventionnés consacrés à la représentation des chefs-d'œuvre de la tragédie et de la comédie. Si l'État est parvenu à conserver jusqu'ici notre première scène littéraire, au milieu des circonstances même les plus contraires à son succès, c'est beaucoup moins par des secours pécuniaires qu'en la laissant depuis l'origine en possession exclusive de l'ancien répertoire tragique et comique. On peut comparer ce répertoire à un musée, où les œuvres du génie atteignent à l'effet le plus élevé qu'ils puissent produire, grâce à leur rapprochement et au soin que l'on prend de les exposer sous la lumière qui leur est le plus favorable : en le livrant aux différents théâtres de la capitale on s'exposerait à la dispersion rapide de tous les éléments réunis à grande peine pour conserver aux tragédies et aux comédies des XVIIe et XVIIIe siècles une interprétation digne de la reconnaissance et du respect que la France doit à leurs auteurs. Les entreprises libres, en offrant aux artistes supérieurs, à la fois des rémunérations plus libérales que celles de l'État et l'honneur semblable de jouer Corneille, Racine et Molière, enlèveraient facilement à l'administration, pour l'avenir, toute possibilité de conserver ou de former une troupe capable de soutenir la lutte. Bientôt le

Théâtre-Français, affaibli, découragé, succomberait sans être jamais remplacé par aucune concurrence, dans son unité, dans sa persistance de durée à travers les mauvaises fortunes, dans le culte littéraire que la sagesse des gouvernements a eu la volonté et le pouvoir d'y entretenir, sans interruption, depuis deux siècles.

Il suffit d'une telle éventualité pour qu'il paraisse nécessaire de conserver au Gouvernement les moyens d'en éviter le danger.

La même réserve n'a point paru indispensable à l'égard des théâtres lyriques : le goût musical est, de notre temps, en progrès sur le goût de la littérature sérieuse : il n'est pas aussi difficile de le protéger.

TITRE QUATRIÈME.

Le titre IV règle l'exercice du système de l'examen préalable des ouvrages dramatiques. Le projet du Gouvernement proposait simplement le rétablissement de la censure telle qu'elle a été pratiquée de 1835 à 1848; il a paru désirable, au contraire, d'entourer l'examen préalable de toutes les mesures propres à détruire les causes des préventions ou des justes critiques dont il a été l'objet, et à lui faire accomplir dignement ce qui est véritablement son office, c'est-à-dire l'appréciation intelligente et impartiale des œuvres dramatiques, l'exclusion des tentatives déshonnêtes, des fictions corruptrices de la morale publique, sans qu'il puisse redevenir jamais un instrument servile et irritant d'étroites susceptibilités politiques, une occasion d'ennuis immérités, d'inquiétudes sans but, et une nécessité de justifications sans dignité pour les auteurs.

Conformément aux dispositions du titre IV, considérées dans leur ensemble, voici comment la censure devra être exercée:

(*Art. 16.*) — Une copie de toute pièce nouvelle, qui aura été reçue à un théâtre, sera déposée au ministère de l'intérieur, dans le département de la Seine, et au secrétariat de la préfecture dans les autres départements.

Quinze jours après ce dépôt, s'il n'a été fait aucune opposition par l'autorité, la pièce pourra être représentée sans qu'il y ait nécessité d'attendre une autorisation ou une permission. C'est une modification à ce qui se pratiquait autrefois, et elle n'est point sans quelque importance. Ce n'était pas un des moindres sujets de plainte de la part des auteurs et des directeurs contre l'ancienne censure, que l'obligation où ils étaient d'attendre ou d'aller solliciter dans les bureaux du ministère une résolution, même favorable, à la représentation des pièces déposées.

Ce délai de quinze jours pourra d'ailleurs être abrégé par une autorisation spéciale du ministre ou du préfet.

S'il est fait acte d'opposition à la représentation de la pièce, cet acte sera notifié par la voie administrative à l'auteur ou au directeur du théâtre.

Il arrivera le plus ordinairement, on pourrait dire presque toujours, que l'auteur obtiendra le retrait de cette opposition en consentant aux modifications que l'administration lui signalerait comme nécessaires dans l'intérêt de l'ordre public, des bonnes mœurs et de l'honneur des citoyens.

Si cependant l'auteur estime que les changements ou les retranchements qui lui sont demandés ne peuvent être faits sans nuire à son œuvre, sans lui imposer inutilement un sacrifice trop considérable de sa pensée, s'il a la conviction que la censure n'est point fondée sur une intelligence juste de ses intentions et de l'effet que les passages critiqués pourraient produire sur l'esprit des spectateurs, s'il s'agit enfin de la suppression totale de sa pièce, il aura la faculté de demander un nouvel examen, et, cette fois, la commission des théâtres, instituée par le titre Ier de la loi, sera appelée à donner son avis.

On a objecté à ce sujet que vraisemblablement tous les auteurs dont les pièces seraient arrêtées par une opposition auraient recours à cette espèce d'appel, et qu'ainsi le premier examen serait presque sans aucune utilité.

Cette objection ne repose point sur une observation exacte des faits et des usages en cette matière.

Si beaucoup d'écrivains, surtout dans le nombre de ceux dont le genre de travail peut être considéré sans erreur comme le moins élevé ou le moins sérieux, sont, en effet, difficiles à convaincre sur la convenance des modifications les plus simples et les mieux justifiées, cette sollicitude si naturelle de la paternité littéraire n'est cependant pas le seul intérêt auquel ils obéissent. L'espoir que leur réclamation serait admise ne suffirait pas pour les déterminer à s'exposer aux retards d'un nouvel examen, au dommage matériel d'un ajournement de la représentation, à son renvoi après d'autres pièces reçues postérieurement et à une saison moins favorable.

Il serait d'ailleurs injuste de croire que le plus grand nombre des auteurs ne reconnaîtront point la justesse des critiques qui porteraient sur quelques paroles équivoques, sur des inconvenances échappées à l'irréflexion et à la rapidité de la composition.

Enfin les réclamations fussent-elles plus nombreuses, à l'origine, qu'il n'est raisonnable de le supposer, les rapports détaillés des premiers examinateurs, soumis à la commission des théâtres, lui rendront faciles des décisions qui n'exigent presque jamais qu'une appréciation de conscience et de sens commun.

Dans le jugement des œuvres renvoyées à son examen, la commission n'aura donc presque jamais à se préoccuper que des offenses les plus graves, les plus dangereuses à l'ordre, aux mœurs, à l'honneur des citoyens. Ce que la loi veut instituer, ce n'est pas une sorte de justice de camp entre des écoles littéraires, ce n'est point surtout une inquisition complaisante, en vue de susceptibilités personnelles qui, trop souvent, en voulant se couvrir du prétexte de l'intérêt public, ont compromis cet intérêt même, et ont affaibli le principe de l'autorité en l'abaissant à des soins indignes d'elle. Les éléments dont sera composée la commission écartent le soupçon qu'elle condescende jamais à poursuivre un autre but que celui de défendre l'honnêteté et la paix publique. Le respect que des hommes si haut placés se doivent à eux-mêmes, le sentiment de leur propre dignité, les habitudes de leur intelligence, l'indépendance morale que leur donnera leur élection, sont d'assez puissants motifs d'être assuré qu'ils ne failliront point aux devoirs de cette nouvelle magistrature,

S'il était à craindre que la commission vînt à errer, ce serait plutôt dans le sens d'une austérité excessive, eu égard à ce qu'il convient de laisser de liberté aux jeux du théâtre et à ce que nos mœurs peuvent en comporter sans péril. Mais, dans cette hypothèse comme dans toute autre, le remède à quelques erreurs sera dans le droit définitif qui appartiendra au ministre d'autoriser ou d'interdire définitivement les représentations.

Il n'est point, du reste, admissible que le ministre se détermine, sans des considérations graves, à prendre des décisions contraires aux avis de la commission. Mais, ainsi qu'il a été dit au titre premier, s'il arrivait que la commission eût à concevoir des craintes sur une tendance de l'autorité ministérielle à ne point appuyer avec assez de fermeté et de persévérance la jurisprudence morale qu'elle aurait établie, elle n'oubliera point que la loi lui ouvre un moyen de dégager sa responsabilité, en avertissant le ministre de ce qu'une tolérance habituelle pourrait entraîner de conséquences fâcheuses pour l'intérêt général.

(*Art. 18.*) — Il fallait enfin pourvoir à la nécessité d'interrompre, dans des circonstances extrêmes, en présence de scandales énormes, les représentations même de pièces qui n'auraient pas été interdites. Lorsqu'un trouble considérable se manifeste dans la paix publique, c'est toujours un devoir pour l'administration d'en faire cesser immédiatement la cause. Le droit conféré dans cette prévision ne serait pas écrit par la loi, qu'il ne pourrait être contesté par aucun esprit sérieux.

TITRE CINQUIÈME.

(*Art. 20.*) — Parmi les dispositions du titre V et dernier, il en est une qui se rapporte indirectement à cet important sujet de la discipline des théâtres.

La censure désarme l'action publique judiciaire. En principe, une pièce autorisée par l'administration cesse d'être justiciable des tribunaux. Mais l'action privée conserve son droit. Un des plus déplorables excès qui puisse déshonorer les théâtres est, sans aucun doute, celui qui consiste à traduire sur la scène les personnes vivantes. Ce n'est pas un abus moindre que d'y faire paraître des personnes qui n'ont cessé d'exister que depuis peu de temps, en présence même de ceux qui doivent un respect sacré à leur mémoire. C'est pourquoi le projet accorde le droit de plainte devant la justice, non pas seulement aux personnes désignées ou imitées sur la scène de manière à être reconnues, mais aussi aux ascendants, aux frères ou sœurs, à l'époux ou à l'épouse, au fils et au petit-fils de celles qui n'existant plus, seraient exposées au public comme personnages de théâtre. On a pensé toutefois que, si respectable que fût ce droit de la famille, il ne devait point remonter au delà de deux générations: cette limite dépassée, les rapports d'affection n'ont plus la même puissance, et il ne saurait être indéfiniment interdit à l'art dramatique d'entrer en partage des libertés de l'histoire.

(*Art. 19.*)—La sanction des dispositions restrictives ou prohibitives de la loi, telle que le Gouvernement l'a proposée, n'a donné lieu à aucune objection.

(*Art. 21.*)—Le projet du Gouvernement renferme un article qui aurait pour effet de modifier la quotité et la répartition de l'impôt dit *des pauvres*, prélevé sur les théâtres en vertu du décret du 9 novembre 1809 et de l'article 135 de la loi du 25 mars 1817. Cet impôt, qui est aujourd'hui du onzième de la recette brute, ne serait plus que de 5 p. o/o sur le prix des billets pris au bureau. Pour compenser la différence qui en résulterait dans le produit, le Gouvernement propose la perception d'un droit de 10 p. o/o sur les entrées gratuites et les billets de faveur.

Le Conseil, sans rien préjuger sur les avantages que pourrait offrir cette modification de l'impôt, n'a point trouvé que la question eût été suffisamment éclairée par les documents administratifs, et que les espérances conçues par le Gouvernement reposassent sur des données assez certaines.

L'importance de l'impôt s'est élevée à Paris, de 1844 à 1847, pour chaque année, à plus d'un million. L'administration hospitalière élève des doutes sur la possibilité de faire produire au prélèvement du droit sur les entrées gratuites et les billets de faveur, une somme équivalente à celle que l'on perdrait immanquablement par l'abaissement du droit sur les billets payants ; elle donne même des explications qui tendraient à prouver que la perception de ce nouveau droit sera toujours facilement éludée.

En présence des incertitudes qui naissent de ces observations, le Conseil a pensé qu'il y avait lieu d'ajourner l'innovation proposée par le Gouvernement jusqu'à ce que le mode de recouvrement fût plus mûrement étudié. Il lui a paru suffisant de confirmer, dès à présent, en principe, la légitimité d'un impôt qui se perçoit sur les plaisirs des personnes aisées au profit des personnes pauvres, et qui ne pourrait être supprimé sans entraîner, pour la ville de Paris notamment, l'obligation de créer ou d'aggraver d'autres impôts. Toutefois, le Conseil n'hésite pas dans l'opinion qu'il est désirable de trouver les moyens de faire peser moins lourdement ce droit sur les entreprises théâtrales, et il engage le Gouvernement à étudier de nouveau cette question qui, d'ailleurs, a toujours été l'objet de lois spéciales et distinctes de celles qui déterminent le régime administratif des théâtres.

(Art. 22.)—En vertu d'une ordonnance de 1824 pour l'interprétation et l'application de laquelle divers jugements sont intervenus, les spectacles de curiosité sont soumis à un prélèvement d'un cinquième de leur recette au profit des directeurs des troupes stationnaires ou ambulantes. Cette espèce d'impôt, qui fait contribuer des spectacles d'une utilité contestable à la prospérité de divertissements intellectuels, paraît également devoir être maintenu ; mais l'industrie théâtrale devenant libre, il n'était point possible d'attribuer le produit de l'impôt aux directeurs d'entreprises particulières : les directeurs seuls autorisés, dans les cas prévus par la loi, à donner des représentations, con-

serveront le droit de le percevoir. En dehors de cette perception, l'impôt sera versé dans la caisse de la commune pour être employé à l'entretien de théâtres municipaux, ou à des subventions au profit des théâtres libres.

(*Art. 23.*) — La dernière disposition du projet porte que les théâtres actuellement existants ne seront soumis qu'après l'extinction de leurs priviléges aux conditions nouvelles, relatives, soit au nombre des places que doivent contenir les salles, soit à leur isolement, leur construction, leur distribution intérieure et la disposition des places; mais, aussitôt après la promulgation de la loi, affranchis des obligations du privilége, ils devront se conformer à toutes les autres règles nouvelles imposées à l'industrie théâtrale.

. Tel est, dans son économie générale, le projet rédigé par le conseil. Conçu, comme celui du Gouvernement, dans un esprit de conciliation, il admet ensemble les deux principes de la liberté industrielle et de l'examen préalable, mais en les modérant l'un et l'autre dans leur application, de manière à les associer réellement et à en éviter les conséquences extrêmes.

Le théâtre, plus libre dans son activité matérielle, entourée d'une plus haute sollicitude dans son activité morale, devra-t-il à ces conditions nouvelles un avenir plus digne et plus prospère? Peut-on espérer de la loi qu'elle favorisera le retour du goût et de l'honnêteté sur les scènes d'où ils semblent avoir été bannis? Rappellera-t-elle les auteurs dramatiques au véritable esprit de leur attrayante fonction de plaire, de charmer, d'enseigner sans paraître le vouloir, dont beaucoup d'entre eux oublient trop souvent les devoirs, la beauté, la grandeur, les récompenses immortelles? On ne saurait, à l'occasion d'un projet de loi, se livrer à tant d'espoir : les meilleures lois n'ont point une telle vertu. Il ne dépend pas du législateur de réformer à volonté les arts, de faire naître l'inspiration morale, de susciter le génie, d'amender soudainement les mœurs. Sa puissance

ne s'étend pas si loin. Il accomplit tout ce que l'on est en droit
d'attendre de lui lorsqu'il règle avec mesure et justice les rapports
de l'autorité et de la liberté, lorsqu'il impose des bornes conve-
nables d'une part à l'arbitraire, de l'autre à la licence. C'est ce but
que le Conseil espère et désire avoir atteint dans le projet qu'il propose de substituer à celui qui a été soumis à son examen.

Ce rapport a été délibéré et adopté par le Conseil d'État, dans sa
séance du 5 mars 1850.

Signé à la minute :

Le Conseiller d'État,   *Le Vice-Président de la République,*
Rapporteur,   *Président du Conseil d'État,*
CHARTON   H. BOULAY (DE LA MEURTHE).

       Le Secrétaire général du Conseil d'État,
       PROSPER HOCHET.

www.ingramcontent.com/pod-product-compliance
Lightning Source LLC
Chambersburg PA
CBHW051402060726
47596CB00005B/2044